The Style of 100 Professionals

プロフェッショナル100人の流儀

珠玉の名言集

藤尾秀昭＝監修

致知出版社

プロフェッショナル100人の流儀*目次

一章　学ぶ

二章　壁にぶつかった時

三章　仕事の現場

四章　リーダーの条件

五章 成功への道

装幀／川上成夫　本文デザイン／宮川一郎

※登場人物の肩書は原則として『致知』掲載当時のものとしましたが、発言者のご意向等により、一部変更してある箇所がございます。

一章

学ぶ

教えてもらったことは忘れる 自分が盗んだものは忘れない

小野二郎（すきやばし次郎主人）

当時の職人の世界は教えるじゃなくて覚えろですから、教わる、ということはありません。全部自分で見て、盗んで覚えるしかないわけです。覚えるか覚えないかは、自分の意志一つですよ。

自分はゆくゆく独立したいと思っていたから、絶えず親方の仕事を見て、一から十まで全部を盗まなきゃならない。

親方とか先輩に教えてもらおうと思って入ってくるのは大きな間違いで、自分が上の人のやり方を盗んで勉強し、進歩していかなければいけない。

というのは、教えてもらったことというのは忘れるんですよね。自分が盗んだものは忘れない。会社なんかでも同じだろうと思うんだけど、ポッと教えてやったら忘れちゃいます。自分が苦労して苦労して、これを必ず自分のものにしようと思って、やっと盗んだものは決して忘れない。

大事なのは何の変哲もない丸い土俵から何を学ぶか

納谷幸喜（相撲博物館館長・元横綱大鵬）

私ははっきり言う。誰もが夢だとか目標だとか言うけれどもそういうものではないよ。毎日同じことの繰り返しだよと。コツコツ、一つのことを根気よく続けるかだと。農作業でもそうですけどね。北海道の広い畑を鍬《くわ》で耕そうとすると、前を見て「まだこんなにあるのか」と思うけれども、毎日コツコツ耕していたら、だんだん起こした部分が広くなり、喜びに変わるわけだから。大事なのは何の変哲もない丸い土俵から何を学ぶかということです。

まずは根気でしょう。努力して何ものにも負けない精神力を学ぶ。

相撲はこの一番、この一秒がすべてです。一番で明るくなるか、暗くなるかのどちらかです。そのためには一つの稽古を大事に丁寧にやるかどうか、最後はそこに結びつきますね。

モンテーニュ「人間は誰でも自分の心の三畳間を持つべきだ」

童門冬二（作家）

二十代の頃読んだ本の中で、もう一つ印象深いのはフランスの思想家・モンテーニュの『エセー』という作品に出てくる、

「人間は誰でも自分の心の三畳間を持つべきだ」

という言葉である。人間は周りに邪魔されることなく、たった一人になってじっと物事を考えることのできる場を持たなければならない、とモンテーニュは言う。

そういう意味では、私は読書をすることによって自分の三畳間というものを確立していったと言えるだろう。

それは小説家となったいまも変わらない。

素直な人間には本質が見える

桜井章一（雀鬼会会長）

素直さというのは、一つの素晴らしい素質だと思う。

素直がどうしていいかというと、本質が見えるんです。やっぱり素直な子のほうが、強い人のやっていることの本質が見えるんだよね。そして、教わったこともどんどん受け入れてクリアしていくから、当然上達が早い。

ただ、素直というのは、いまの学校教育から生まれる、従順で、言いなりになる人間とは違う。

本当の素直というのは、悪いもの、違和感を感じるものに真正面からきっちり対抗できる人です。ただ何でも言うことをきけばいいというんじゃない。

教えてくれなきゃできないって言ってる人間には、教えたってできない

一龍斎 貞水（講談師、人間国宝）

僕はたまに「貞水さんはあまり後輩にものを教えませんね」って言われるけど、僕らは教えるんじゃなくて伝える役なんです。伝えるということは、それを受け取ろう、自分の身に先人の技を刻み込もうとするから伝わっていくもの。教えてくれなきゃできないって言ってる人間には、教えたってできませんよ。

実は我々も若い頃、自分の技の拙《つたな》いのは先輩が教えないからだって愚痴っていたことがありました。そうしたら師匠に言われましたよ。

「おまえたちは、日頃いかにも弟子だという顔をして俺の身の回りの世話をしているくせに、俺が高座に上がっている時、それを聴こう、盗もうって気がちっともない。ホッとして遊んでる。俺が高座に上がっている時は、どんなに体がきつかろうと、お金を払って見に来てくださっているお客様のために命懸けでしゃべってるんだ。その一番肝心な時に、聴いて自分から習おう、盗もうって気がないからうまくならないんだ」

西岡常一「不器用の一心に勝る名人なし」

小川三夫（鵤工舎舎主）

器用な子は早く上達する。でもすぐ慢心して落っこちたり、また上がったりで波を打ってばかりです。不器用な子は、初めはなかなか芽が出なくても、何かを機にコツを掴んだ時は、そこからクックックックと伸びるね。

だから「不器用の一心」というのがいいですね。西岡棟梁も「不器用の一心に勝る名人なし」と言っていました。器用な子はその器用さに溺れる。何でもすぐ分かった気になるから、考えが浅い。

器用、不器用といっても十年くらいの修業をやるのであれば、そんなに大差はありません。でも器用な子はそこまでいられない。大体においてそういうことがありますね。

小林秀雄
「助言といふものは決して説明ではない、分析ではない、いつも実行を勧誘してゐるものだと覚悟して聞くことだ」

高見澤潤子（劇作家）

助言について、兄（小林秀雄）は書物の中で次のようにいっている。

「どんな助言も人に強ひる権利はない。助言を実行するしないは聞く人の勝手だ。

それよりも先づ大事なことは、助言といふものは決して説明ではない、分析ではない、いつも実行を勧誘してゐるものだと覚悟して聞くことだ。

親身になって話しかけてゐるとき、親身になって聞く人が少《すくな》い。

これがあらゆる名助言の常に出会ふ悲劇なのだ」

尊敬する人がなくなったとき、その人の進歩は止まる

森信三（哲学者）

いかに生きるかという問題を一般論でなくて、毎日の生活の中でときどき、あぁ、先生だったらどうするだろうかを考えてみる。これが大事です。

まあ、尊敬する人がなくなったとき、その人の進歩は止まります。尊敬する対象が年とともにはっきりしてくるようでなければ、真の大成は期し難いですね。

受動的な力と能動的な力。このニつが掛け合わさった時、人間はどれだけのことができるかが決まる

小柴昌俊（物理学者）

学校の成績というのは、教わったことを覚えて書く受動的な力です。ところが人間社会で大切なことの一つは自分が問題を見つけて、その問題をどのように解いていくかであり、そのために求められるのが能動的な力なんです。受動的な力と能動的な力。この二つが掛け合わさった時、人間はどれだけのことができるかが決まる。

言われていること以外に自分で何をするかです。それを苦痛と感じるかどうかが、一流になるかならないかの分かれ目

井村雅代（シンクロ日本代表コーチ）

人間って足りないところがいっぱいあるじゃないですか。それを補うためには、言われていること以外に自分で何をするかです。それを苦痛と感じるかどうかが、一流になるかならないかの分かれ目ですね。苦痛だったらできないけど、自分がシンクロの選手になるためにしなければいけないことなんだ、じゃ、しようみたいな。物事を簡単に考えることって大事です。

一流になるには、頭が鈍い、勘の鈍いのは駄目だけど、賢すぎるというか、コーチがこうしなさいと言っているのに、やる前からそれは難しすぎるとか、無理だとか理屈をつける子は駄目ですね。ある部分、自分の限界を知らないバカな子がいい。

一流になりたければ超一流に触れなければダメ

高橋忠之（志摩観光ホテル元総料理長兼総支配人）

私は、料理は学問であり、芸術であり、サイエンスだと思っているんです。学問は知識の集積であり、芸術というのは技術完成の練磨です。それに基づき、温度と時間と分量を正確に測る力を持っていれば、世界共通のフランス料理はほとんどできます。冷蔵庫から出てきた食材を組み合わせてみたら、意外と違う味ができたといって、それを創作料理なんていうのは論外です。確実に、サイエンス的にやらないと。

だから私が一番嫌いなのは「料理は愛情だ、心だ」ってやつです。愛情や心では料理はつくれない。カラオケと同じですよ。心を込めて一所懸命歌った下手な歌、最後まで聞けないでしょう。

（略）

私はやっぱり一流になりたければ超一流に触れなければダメだと思いますね。一流からは二流しか学べない。やっぱり世界の超一流になる意気込みがないと一流の仕事はできませんよ。そのためには絶えず勉強するしかありません。

足りない、足りない、工夫が足りない

木村秋則（りんご農家）

実は、以前見たことがある戦時中の新聞に、こんな言葉があったんです。

「足りない、足りない、工夫が足りない」

って。私はいつも、この言葉が頭にこびりついて離れないんです。

結局さ、自分のやったことが間違っているから（りんごの木の）葉っぱが落ちるんですよ。間違っているから虫が集まるんですよ。それを見て、女房が悪い、天気が悪いって、ほかに責任を転嫁する人がいまはあまりにも多いと思うんです。

そうじゃなくて、自分が悪いんだと。自分が勉強不足なんだ、観察不足なんだ、ということなんです。

小さなことを確実にする子は、間違いなく大きな仕事ができる

我喜屋優（興南高等学校硬式野球部監督）

野球でも伸びる子と伸びない子は、技術的な素質ももちろんあるでしょうが、やっぱり心が決めますよ。自分は伸びる人間か、伸びない人間か。もう全身でアピールしている。僕はダメです。試合に使わないでくださいと。体操一つ見てもそう。そういう、小さなことを適当にする子は絶対に伸びない。

逆に、小さなことを確実にする子は、間違いなく大きな仕事ができる。そしてリーダーシップを執ることができる。

働くとは即ち人にサービスをすること

水戸岡鋭治（工業デザイナー）

私は、働くとは即ち人にサービスをすることだと思うんですね。人のことを考えられるのは能力が高いということであり、幸福になれる基本ではないかと。

だから私の事務所では十名ほどスタッフがいるんですが、来客の予定があると「こういう人でこのくらいの年齢だ」とだけ話してお弁当を買いに行かせます。お客様のことを考え、いかによい弁当を買うことができるか。それができない者によいデザインはできません。

お客様には一時間おきにお茶を出し、三時にはおやつを、夜には夜食を用意する。だから会議があると大変で、社員はデパートへ買い出しに、お茶出しにと、一日中走り回っています。

ドラッカー七つの教訓

上田惇生（ものつくり大学教授）

一、目標とビジョンをもって行動する。
二、常にベストを尽くす。「神々が見ている」と考える。
三、一時に一つのことに集中する。
四、定期的に検証と反省を行い、計画を立てる。
五、新しい仕事が要求するものを考える。
六、仕事で挙げるべき成果を書き留めておき、実際の結果をフィードバックする。
七、「何をもって憶えられたいか」を考える。

二章

壁にぶつかった時

挫折や失敗が肥やしになる

福島智（東京大学先端科学技術研究センター教授）

挫折や失敗をすることはしんどいし、できるだけ避けたいけれど、おそらくほとんどの人が人生のどこかでそれを経験する。いくら避けようとしても必ずなにがしかのものはやってくる。だから来た時にね、〝これはこれで肥《こ》やしになる〟と思えばいいんですよ。

私が子供の時代には、まだ日本にもたくさんあった肥溜《こえだ》めは、臭いし皆が避けちゃうけれど、それが肥やしとなって作物を育てた。一見無駄なものや嫌われているものが、実は凄く大切なことに繋がるということでしょう。これは自然界の一つの法則だと思います。

人間は試練があるとひらめく

陳昌鉉（バイオリン製作者）

木曽は山奥ですから、せせらぎの音や蝉の声、野鳥の声がどこにいても聞こえるんです。それを聞いていると、ラジオから流れるバイオリンの音色と非常に似ていることに気づきました。ああ、共通するのはこれだと。それで、この自然で無理のないさわやかな音を、音楽で表現できないかと考えました。

人間はね、試練があるとひらめくんですよ。普通の人が考えないことを考え、聞こえないものを聞こうとして必死になる。名器はなんであれほどまでに心に響くのか、鳥肌が立つのか。音波はどうなっているのか。

（略）

よく運命は自然に任せるというでしょう。でもバイオリンの音は物理的な現象ですから、偶然は絶対にない。まぐれで、ああこんな名器ができたなんてあり得ません。十丁作って十丁すべて成功した時に、初めて自然の法則が分かったといえるんです。

きょうの一織り一織りは次の色にかかっているんです

志村ふくみ（人間国宝・染織作家）

何事でもそうですが、織にも、浮かぶものと沈むものがあるわけです。要するに綾ですが、これがなかったら織物はできない。上がってくるのと下がってくるのが一本おきになっているのが織物の組織です。そこへ緯糸がシュッと入ると、経糸の一本一本を潜り抜けて、トン、と織れる。

私たちの人生もこのとおりだと思うんです。いろんな人と接する、事件が起きる、何かを感じる。でも最後は必ず、トン、とやって一日が終わり、朝が来る。そしてまた夜が来て、トン、とやって次の日が来る。これをいいかげんにトン、トン、と織っていたら、当然いいかげんな織物ができる。だから一つひとつ真心を込めて織らなくちゃいけない。

きょうの一織り一織りは次の色にかかっているんです。

中井一男
「金が欲しい時に金を追うたらあかん。人を追いなさい」

中井政嗣（千房社長）

私が千房を創業して大きな借金を抱えていた頃、常盤薬品創業者の中井一男さんから

「政嗣さん、あんたは大きな借金を抱えているけれども、金が欲しい時に金を追うたらあかん。人を追いなさい」

と言われました。人を追えというのは人を捕まえるのではなく、人を喜ばせること・人を集めることに専念しろという意味なんですね。この一言に救われたことは、いまも忘れられません。

苦労に苦労を重ねた挙げ句、達したものこそが本物である

坂村真民（仏教詩人）

頭のいい人は愚直に一筋にものに賭けるということをしませんね。しかし、花は一瞬にして咲かない。大木も一瞬にして大きくはならない。一日一夜の積み重ねの上に、栄光を示すんです。私はそういうタイプのものが好きです。

宗教家は一瞬にして開眼し、開悟し、回心する人がいて、そういう生き方を強調賛美しますが、私はそういうタイプや信仰は好みません。苦労に苦労を重ねた挙げ句達したものがいいです。私はそれが本物ではないかと思います。一瞬にして変わったものは、また一瞬にして変化しますからね。

意志の範囲にあることはいいわけをしないで、自分でやる。意志の範囲にないことは、問題にもしない。心を動かさない

渡部昇一（上智大学教授）

（ヒルティのエピクテートスの哲学とは）一種の〝悟り〟の哲学です。どういうことかというと、自分の置かれた環境の中で、自分の意志で自由になる範囲と、自分の意志で自由にならない範囲をしっかりと見極めるということです。自分の意志の範囲にあるかどうか。そこにすべてが、かかっているということです。

ただ、それがはっきりとわからないとだめです。

はっきりわかると、自分の意志の範囲の中にあるものは、自分が考えて最善の手を打つ。打ちたくなければ打たなくてもいいが、すべては自分の責任です。ところが、自分の意志の範囲にないもの、これはあきらめる。こういうものに対しては、絶対に心を動かさないということです。

（略）

意志の範囲にあることはいいわけをしないで、自分でやる。で、意志の範囲にないことは問題にもしない。心を動かさない。まぁ、こういうのが、ヒルティから学んだことの一つでしょうね。

地球上で最も必死に考えている人のところにアイデアの神様は降りてくる

森岡毅（ユー・エス・ジェイCMO）

人間って不思議なもので、そうやって追い詰められて重圧がかかると、自分自身も意識していない遺伝子が目を覚まして、とんでもない能力が覚醒したり、アイデアの神様が降りてくることがあるんです。

ある問題について、地球上で最も必死に考えている人のところにアイデアの神様は降りてくる。これは私の実感ですね。

私はマーケターの端くれでマーケティング技術はそれなりに持っているつもりなんですけど、これまで一・四倍の集客を支えたのは小手先のマーケティング技術じゃないと思っているんですよ。三年半の間、何度も壁に直面し、その都度、歯を食いしばり、執念でアイデアを振り絞ってきた、その泥臭い積み重ねです。

人間は何をおいても、忍耐力、耐え忍ぶ気持ちが大事

渡辺公二（兵庫県立西脇工業高等学校陸上部監督）

人間は何をおいても、忍耐力、耐え忍ぶ気持ちが大事だと思います。絶対に諦めない、できる、という気持ちを持つ。ダメかもしれないという気持ちを持てば、次から次へとダメになる。負けるかもしれないという気持ちを持てば、必ず負ける。

気が弱いという性格が強いものにはなりませんが、やればできる、絶対に負けたくないという気持ちを持ち続ければ、物事は成し遂げられる。

踏まれて踏まれて大きくなった人間が将来大物になる

小嶺忠敏（長崎県立国見高等学校サッカー部総監督）

うちの地方では麦踏みというのがあるんですよ。麦は少し背丈が伸びたら踏み倒す。一週間くらいたって、また伸びてきたら、また踏み倒す。それを三回くらい繰り返すんですよ。

ある日、母に「どうして何度も麦を踏み倒すの」と聞いたら、「踏まれた麦は上を向いてスクスク育っていくが、踏まれていない麦は冬に霜や雨が降るとしおれてしまって、作物にならない」と。続けて「人間も同じだよ。小さい頃や若い頃に苦労して、踏まれて踏まれて大きくなった人間が将来大物になるんだぞ」と教えられました。

命を懸ける気になれば何でもできる

宮脇昭
（横浜国立大学名誉教授国際生態学センター研究所長）

人間は本気になれば大抵のことはできます。命を懸ける気になれば何でもできる。うまくいかないとかとりこぼしがあるというのは、油断しているか、あるいは手を抜いているかです。本気になれば、人間によってつくられた半砂漠だって森に変えることができる。私はそう信じています。

仕事でもらったスランプやストレスは仕事でしか解消されない

松本明慶（大佛師）

スランプやストレスは何から起きているかといえば、結局は仕事から起きているんです。だからそのストレスは仕事でしか解消されないんですね。

だから仕事でもらったスランプは仕事でしか返すもんがないです。それでもまた次にスランプがやってきますけど、そうやってくり返していくうち、だんだん間隙《かんげき》が少なくなって、すーっと仕事が出来るようになります。

一つの道を究めていくには精進を続けていかなければなりませんが、そのためにはまず考え方を変えないとダメだと思いますね。考え方が変わると行動が変わります。行動が変わると結果が変わります。

ピンチこそ、創意工夫を生む絶好の機会

西堀栄三郎（理学博士）

ピンチこそ、創意工夫を生む絶好の機会です。知識を知恵に変えるのは切迫感です。切迫感がなきゃ、知恵も生まれてきません。ピンチがないときは自分で切迫感を持てばいい。どう持つか。責任感から切迫感が感じられるようになれば一番です。

大体、人は自分の責任を他へ転換したがるもんです。何が悪いとか、上役がどうとか。みんな責任をよそへよそへと持っていこうとする。その癖をやめ、自分の与えられた仕事は自分の責任と考える。責任者だから、どこへも持っていけないとなると切迫感も強くなるし、知恵も出てくる。

成功の条件は「VW」にあり

山中伸弥（京都大学iPS細胞研究所所長）

僕がアメリカのグラッドストーン研究所に留学していた頃、恩師から「VW」という言葉を教わりました。科学者として成功するためには、この二文字が大事だというんですね。ビジョンのVとワークハードのWの頭文字で「VW」。長期的な展望としっかりした目標を持ち、懸命に努力を重ねればその一念は必ず叶うということです。

二流の思想では決して一流にはなれません

野村克也（野球評論家）

鈍感は二流の思想とイコールです。二流の思想では決して一流にはなれません。

野球は実に失敗の多いスポーツなのです。三割打者が一流の目安とはいっても、残りの七割はどうしたか。失敗しているわけです。

パーフェクトの十割に理想を求めたら、失敗だらけです。恥ずかしくて顔を上げられない。

その羞恥心の感覚は人間を謙虚にせずにはおかない。謙虚であれば、人間、いろいろなものに気づくものです。鈍感ではいられません。謙虚さこそが人間を一流に導く根源だと思います。

ところが、人間というのはしょうがないもので、三割近く打ったからといって、すぐに思い上がる。

百十パーセント、百二十パーセントの力を出そうと決意した時、その人の根こそぎの力が出てくる

津曲孝（ケーキハウスツマガリ社長）

九十九パーセントの力を出している時はしんどいが、百十パーセント、百二十パーセントの力を出そうと決意した時、その人の根こそぎの力が出てくる。これがパワーを身につける秘訣でしょうし、これまでの人生を通しての確信でもあるんです。

自分に制限をかけているのは自分でしかない

水野彌一（京都大学アメリカンフットボール部前監督）

ある試合の休憩中、副将の四年生が「ちょっと頭が痛い」と言ってきたんです。凄い体当たりをしたわけでもなかったので、ベンチで休ませていたらバタッと倒れた。すぐに救急車で運んだんですけど、結局駄目でした。

私は入院していた一か月間、毎日病院に詰めていました。お父さんとお母さんがずっと看病しておられるんですね。それを見るのは辛いことでしたけど、そこで感じたのは、人間っていうのはあんな頑丈なやつでも呆気《あっけ》なく死んでしまうということ。もう一つは、親が子を思う心、これは理屈じゃないなと、物凄く感動しました。

もう、彼は帰ってきません。ならば自分も人生を捧げないとフェアじゃないだろうと。それで、「自分をなくそう」と思いました。

それまではやっぱり「自分が強くする」「自分が日本一にする」と、自分が強かったんです。でも、もう自分はどうでもいいと腹を括りました。それからです、すっと勝ち出したのは。

だから私は京大生に「腹を括れ」といつも言っているんです。腹を括れば自分がなくなる。そうすれば、逆に自分が自由になるんです。自分に制限をかけているのは自分でしかないですから。

一に努力、二に努力、三に努力、すべて努力

福島孝徳（デューク大学教授）

結局のところ、どんな職業でも成功するのに一番必要なのは、努力なんですよ。一に努力、二に努力、三に努力、すべて努力で、努力がもう九十㌫じゃないでしょうか。五回やって覚えられないなら十回、十回でダメなら二十回やりなさいというぐらい、努力が一番大事ですね。

才能も少しは必要ですが、その才能に向いたことをやらないと成功しませんから、それを導く先生、コーチが必要なんです。さらにもう一つ加えれば、運ですかね。

ですからとにかく休むなと。土日も使いなさいと。世界中に私ぐらい働いている人はいないと思いますよ。今回の帰国だって、アメリカから飛んできて朝、羽田に着くとそのまま高知へ行って手術をし、移動して千葉で手術、次に那覇の耳鼻科の学会に行って、そこから上海で四日間手術をしてまた帰ってきて、大阪、福岡……、その後もずうっと全国を回ってきて、きょうも福島から新幹線で東京へ。この取材が終わったら夜中の飛行機で渡米してロサンゼルスに着いて、それからノースカロライナに行ってそのまま外来をやるんです。

とにかく人生は短いから、ほんのちょっとでも無駄にしたくない。自分の人生の貴重な時間を、一秒たりとも無駄がないように使い、患者さんを助けていきたい。全世界どこへ行っても患者さんに喜んでもらえるから、一時も休んでられない、寝てられないというのが私の思いなんですね。

北里柴三郎
「熱と誠があれば、何事でも達成する」

北里英郎（北里大学医療衛生学部長）

一八九一（明治二十四）年、ベルリン滞在中の北里柴三郎を、一人の青年が訪ねてきた。ストラスブルク大学留学中の医化学者で、後に京都帝国大学総長となる荒木寅三郎である。

当時三十八歳だった柴三郎は、こんな言葉で彼を勇気づけた。

「君、人に熱と誠があれば、何事でも達成するよ。よく世の中が行き詰まったと言う人があるが、これは大いなる誤解である。世の中は決して行き詰まらぬ。もし行き詰まったものがあるならば、これは熱と誠がないからである。つまり行き詰まりは本人自身で、世の中は決して行き詰まるものではない。熱と誠とをもって十分に学術を研究したまえ」

寅三郎はこの言葉を心に深くとどめ、一心に研究に打ち込んだ。結果、恩師であるホッペザイレル教授の信用をますます得て、医化学者として大成したという。

当時の日本は開国からまだ日が浅く、近代医学においては欧米諸国の後塵《こうじん》を拝していた。そんな中、様々な障壁と闘いながらも自ら道を切り拓いてきた柴三郎が、その体験に基づき、伝えようとした一つの信念だったのだろう。

頑張り続ける底力のあるやつだけが、最後に最強の運を手にすることができる

ガッツ石松（元WBC世界ライト級チャンピオン）

毎日、何もないアパートに帰っては、枕を抱えて泣いていたけど、きょうよりは明日は良くなる、明後日はもっと良くなると自分に言い聞かせていた。それが一芸に秀でるっていうことじゃないの？　一つのことをやり通した結果がチャンピオンなんだよ。あと一皮、あと一皮剝《む》ければ、というところでみんな挫《くじ》けていく。それがプロの世界だ。それでも頑張って這《は》い上がってくるやつだけが最後に君臨するんだよ。

頑張って、頑張って、頑張っていると自然と運が寄ってくる。それは一度逃げるんだけど、それでも頑張り続けると、また戻ってくる。行ったり来たりするんだよ、運というやつは。それでも頑張り続ける底力のあるやつだけが、最後に最強の運を手にすることができる。

この苦しみが俺を磨いてくれる。これを乗り越えれば一つ賢くなれる

国分秀男（東北福祉大学特任教授　元古川商業高等学校女子バレーボール部監督）

これまでたくさんの人を見てきましたが、概《おおむ》ね三つのタイプに分かれると思います。

一つは苦しくなると「もうダメだ、無理だ」と思う「絶望諦め型」。二つ目は「いやだけど、しょうがないからやるか」という「消極的納得型」。

そして三つ目は「この苦しみが俺を磨いてくれる。これを乗り越えれば一つ賢くなれる」と考える「積極的プラス思考型」。

結局、歴史に名を残すような偉人や成功者は、三番目の人間からしか生まれません。

一、二、三のどのタイプの人間になるかは考え方一つです。お金がかかるわけじゃない、努力がいるわけでもない。時間もかからない。物事の見方をちょっと変えるだけでいいのです。

神様に祈ったのか

稲盛和夫（京セラ名誉会長）

まだ京セラが中小企業であった頃のことです。ＩＢＭの仕事を初めて受注したのですが、それは、当時の京セラの技術力ではとても超えられないような難しい技術レベルの注文で、いくら試作を重ねてもうまくいきませんでした。若い技術者たちも徹夜の連続で疲れ果てて、どうにもならないところまで追い込まれていました。

その時私は彼らに「神様に祈ったのか」と言いました。つまり、祈るような敬虔《けいけん》な気持ちで努力を続けることが、他力を呼ぶと思うのです。実際に、この製品の開発、量産は、そこまでやることで、最終的には見事にうまくいきましてね。当時まだ弱小零細だった京セラが一大飛躍を遂げていくきっかけになったのです。

限界の壁をつくっているのは自分自身

宮本祖豊（十二年籠山行満行者・比叡山延暦寺円龍院住職）

（極限の荒行をしていると）やはり体力の限界が来る。精神的にも限界が来る。もう二度と立ち上がりたくない。それくらい疲れ果てます。その時、どうするか。もう一回だけやろうという気持ちを起こすんです。で、もう一回やりますと、あともう一回くらいできるんじゃないか、と思うんです。これを三回繰り返すと、いままで限界だ、もう二度と立ち上がれないと思っていたのがなぜか不思議と「なんだ、できるではないか」と、気力が漲《みなぎ》ってくる。

その時に思いましたね。ここが限界だという壁を自分でつくっていただけで、本当の限界はもっと向こう側にあるのだと。

誰しもが自分の中のエベレストを登っている

栗城史多（登山家）

講演会をしていても、「この間の試験受かりました」「夢叶えました」と、私のところに報告に来てくれる人が多いんです。先日も、四十一歳でようやく教員試験に受かって先生になれたという方が報告にきてくださったりしました。

その人にとっては教員試験が見えない山であり、エベレストです。そして、誰しもが自分の中のエベレストを登っているわけです。勿論、中には挫折してしまった人もいるでしょうが、私はそういう人たちと夢を共有して、「自分はできない」「無理だ」と思っている心の壁を取っ払いたい。見えない山に挑戦し、ともに成長していきたい。それが私の目指す登山なんです。

生きるとは、長く生きるかどうかではなく、何かに一所懸命打ち込んで、そこに向かって命を燃やしていくことだと思います。

嫉妬しているうちは本当の福は回ってこない

小出義雄（女子マラソン指導者）

Qちゃん（高橋尚子選手）は素直だったし、明るかったし、何より嫉妬《しっと》しない子でした。本当は嫉妬していたのかもしれないけれど表に出さず、「有森さん、よかったですね」「鈴木さん、よかったですねぇ」と喜んで、「私も頑張ります！」というタイプでした。

だから僕はいつもうちの選手たちに口を酸っぱくして言うんですけど、「自分だけ勝てばいいというのでは一流にはなれないよ」と。人間、嫉妬しているうちは本当の福は回ってこない。たとえライバルだとしても、人の喜びを「よかったね」と心から喜んであげて、「私も頑張るわ」と発奮剤にできるような人じゃないと伸びないと思います。

三章

仕事の現場

「Think unthinkable」考えられないことを考えなさい

江崎玲於奈（物理学者）

私が勤めていたＩＢＭには、「Think」という標語があちこちに掲げられていました。考えて考えて考え抜け、という社員の心得を説いた言葉です。アップル社のスティーブ・ジョブズも、「Think different」、つまりただ考えるだけではなく、違ったことを考えろ、と言っています。

これを受けて私が若い人に言いたいのは「Think unthinkable」、考えられないことを考えなさいということですね。

将来というものは必ずしも過去の延長線上にはない。現状維持、何もしないこと、伝統を守るということがリスクになることだってある。そのことをしっかり理解してほしいと思っています。

黒田善太郎
「信用は使ってはならない、使わなければどんどん増えていく」

黒田暲之助（コクヨ会長）

（先方の言葉に）甘えて信用を使い出すと、長い年月をかけ、血のにじむような努力によって蓄積してきた信用が取り崩されてしまう。先代（コクヨ創業者・黒田善太郎）はこのことを戒めて、次のように言いました。

「信用は世間からもらった切符や。十枚あっても、一枚使えば九枚になり、また一枚使えば八枚、といった具合に減ってしまう。気を許すと、あっという間に信用がなくなってしまう。特に、上が行えば下これを習うで、上に立つ者ほど注意しなければいけない」と。

金は使ったら減るのはわかるが、信用というのは目に見えないだけに減ることがわからない。先代はさらに、「信用は使ってはならない、使わなければどんどん増えていく」とも言っていました。

イチロー
「小さなことを積み重ねることが、とんでもないところへ行くただ一つの道」

山本益博（料理評論家）

野球選手にとって、「野球」はいわばルーティンであり、はっきり言えば昨日もきょうも明日も同じことを繰り返している。しかし、それを決してルーティンとは思わず、いつも「もっと上があるのではないか」「もっといいフォームがあるのではないか」と、自分の仕事に対して向上的不満を抱き、努力し続ける人のみが「職人」といえる。

そうして求め続けていくと、ある日突然「閃き」が舞い降りてくることがある。「閃き」というと、何か突発的で、偶然やラッキーの要素が強く聞こえるが、そうではない。「もっと上がある」と信じて稽古や練習、準備を重ねてきた人にだけ、神様が与えてくれる褒美なのだ。イチローが新しいバッティングフォームに行き着いたのは、彼の不断の向上心がもたらした「閃き」といってよいだろう。

こうして彼は二百六十二安打という前人未到の大記録を樹立したわけだが、それは一つの打席も疎かにせず、小さなヒットを大切に積み重ねてきた集大成であることを忘れてはならない。

イチローは言う。「小さなことを積み重ねることが、とんでもないところへ行くただ一つの道」だと。

以前、彼がアメリカの小学校を訪問した時に、子どもたちに「目標を立てなさい」と言っていた。いまの自分とかけ離れた壮大な夢ではなく、小さくとも自分で設定した目標を一つひとつクリアしていくと、いつかは夢のような境地にたどり着く。彼の華々しい活躍も、すべては小さな目標をクリアし続けた結果であることを、子供たちに教えたかったのだろう。

いい顔をして好感度を発揮している人は、みんなに助けられる

橋本保雄（日本ホスピタリティ推進協会理事長）

本当にその道に長《た》けている人には、必ず素晴らしい仲間がいます。そういう人は、人望だとか品格だとか言う前に、まずいい顔をしていますね。

非常に平凡な言い方だけど、やっぱりいい顔をして好感度を発揮している人は、みんなに助けられます。もちろんいい顔というのは、外面的な格好のよさではなく、その人の内面がにじみ出ているような顔ですね。好感度を発揮していない人はダメです。

だから、自分の可処分時間の中で一日わずか十秒でいい。自分の顔を鏡に映して、きょうはどういう顔をしようかと訓練したらいいんです。それを毎日積み重ねている人は、やっぱりいい顔をしています。たった十秒の時間を自分に割けないような人に、いい顔はできないし、そういう人にはやっぱりブレーンもできないですね。

うまくならないように、ならないように、なるべく震えるようなところに自分の身を置いておく

堀文子（日本画家）

人間は皆、朝起きた時から、安全なほうを選ぶか、不安なほうを選ぶかという二つの選択肢があると思います。その時に私は必ず不安なほうを選ぶ癖があります。そのほうが初めてのことでビックリするから元気が出ます。とにかく自分をビックリさせないとダメです。

ですからなるべく不安で不慣れなことをしているようにしています。慣れてしまうと努力しないでうまくできてしまいますから、うまくならないように、ならないように、なるべく震えるようなところに自分の身を置いていたい。いつまで経っても得意にならず、性懲《しょうこ》りもなくビックリしていたいと思っております。

相田みつを
「プロというのは寝ても覚めても仕事のことを考えている。生活すべてが仕事。そこがアマチュアとの絶対差だ」

相田一人（相田みつを美術館館長）

父の仕事に対する態度は若いころも晩年も変わりがありませんでした。夕方からアトリエに入り、徹夜で書き続けました。夜、仕事をするのは雑音が少ないからだといっていました。

仕事を始めると、私も妹も決してアトリエには近づきません。子煩悩で昼間は私たちをかわいがってくれましたが、夜になると一変してしまいます。

父がアトリエに入ったら行ってはいけないといわれていましたが、足を踏み入れると、恐ろしくなるような緊張感があって、いわれなくても近づける雰囲気ではありませんでした。食事の時間が来ると母が声を掛けますが、興が乗っているときはまったく顔を見せません。

疲れるとゴロンと横になって、指で天井に字を書いていました。「何をしてるの？」と私が尋ねると、「プロというのは寝ても覚めても仕事のことを考えている。生活すべてが仕事。そこがアマチュアとの絶対差だ」と。リラックスしているときでも、頭の中は書のことでいっぱいだったようです。

君、考えていることを言いなさい

小林哲也（帝国ホテル会長）

私は、社員に対しても、自ら発信しない人は仕事をしていないのと同じだということを説き続けてきました。発信なきところに進歩はありませんし、「会して議せず、議して決せず、決して行わず」といわれる言葉のとおり、一番悪いパターンに繋がってしまいますから、何も言わなければ私のほうから「君、考えていることを言いなさい」と促すんです。

「心」と「意」と「力」を全部使う

辰巳芳子（料理研究家）

私は本当は、貫くとかそういう意識はあまりないんですね。けれどもやっぱり、しなければならない仕事からは逃げない。ベストを尽くすよりほか方法がないと思って、それを貫いてまいりました。

聖書の中に

「汝心を尽くし、力を尽くし、意を尽くして、あなたの神を愛し、人を愛しなさい」

という言葉があります。やっぱりそこに「心」と「意」と「力」の三つを全部使わなきゃダメですね。どこか端折ると必ず一からやり直しということになって、結局後で三倍も骨が折れることになりますから（笑）。ですからどんなに小さな仕事でもこの三つを精いっぱい使うという姿勢は、一貫して貫いていかなければなりませんね。

時計に逆ねじを食らわせる意気込みで仕事をする

大場松魚（漆芸家）

時計はチッ、チッ、チッ、チッ、と一定のリズムで時を刻む。しかし人間は、この仕事をこの時間までに仕上げるんだと腹を決めれば、グッと時間を短縮することができる。だから仕事を速くしようと思えば、目標時間を決め、それに対して集中攻撃を掛けることです。

そうすれば一分速くなるか、五分速くなるか、いくらかでも速くなるんです。敵に勝つんですよ。そうやって時計に逆ねじを食らわせるような意気込みで仕事に向かうことが大切です。

集中力です。絶対に負けない、と決め込む。時計と競争しようなんて端《はな》から野暮な話なんだよ。でも競争するものが他におらん。毎日そんな調子で、仕事の腕を磨いてきました。

急がば回れという生きざまを持つ人に運がついてくる

塚越寛（伊那食品工業社長）

運というものは、ある人のところに集中的に行くものではなくて、だれにも平等に来るもんだと思います。ただ、それをつかむかどうかは、その人の何かなんだよね。

私が思うに、積極的な生き方をする人が運をつかむ。信州言葉で「ずくのある生き方」ということになるかな。

進んで汚れ役だとか、苦労だとかをかって出る人、急がば回れという生きざまを持つ人に運がついてくる。

使われやすい人間になれ

道場六三郎（銀座ろくさん亭主人）

僕の若い頃には「軍人は要領を本分とすべし」とよく言われたものです。要領、要するに段取りでしょうな。だから要領の悪い奴はダメなんですよ。そうやって先輩に仕事を教えていただくようにすることが第一。

仕事場の人間関係でも一番大事なのは人に好かれることで、もっと言えば「使われやすい人間になれ」ということでしょうね。あれをやれ、これをやれと上の人が言いやすい人間になれば、様々な仕事を経験でき、使われながら引き立ててもらうこともできるんです。

松下幸之助「知恵の出る公式 知恵＝知識×熱意＋経験」

岩井虔（ＰＨＰ研究所客員・元専務）

幸之助さんがある時、こんな問答をしておられるんです。

「商売は知識じゃなく、知恵でやるもんや。その知恵はどこから出てくるか知ってるか。ええか、まず必要なのは知識やで。でも知識だけじゃいかん。知識に熱意を掛け算し、それに経験を加えて出てくるのが知恵や」。

つまり知恵の出る公式とは「知恵＝知識×熱意＋経験」だと言われるんですよ。

エジソンの工場の針のない時計

浜田和幸（国際未来科学研究所代表）

エジソンの工場の壁には、長針も短針もない大きな時計が掛けられていました。ある日、友人の自動車王フォードが「針がなければ、時計の意味がないのでは」と訊《たず》ねると、「そうじゃない。時間というものは、自分でコントロールすべきもの。時計のような出来合いのバロメーターに左右されているようでは何もできない。疲れたと思えば、その場で休めばいい。

仕事が完成するまでが昼間だ。自分の体にあったリズム、これを自分でコントロールすることが大切だ」と答えたといいます。

驚異的なひらめきをつかんで形にし、「天才」と賞されることの多いエジソンですが、決して努力を軽んじていたわけではなく、むしろその逆でした。

やりたくないこと、人が嫌がることを三百やる

奥田政行（地場イタリアン「アル・ケッチァーノ」オーナーシェフ）

私はいつも「やりたいことの数値が百だとすると、やりたくないこと、人が嫌がることを三百やる」と自分に言い聞かせています。そうすると、いつの間にかやりたいことを実現するためのスタートラインに立てる。これは修業時代からの実感です。

『菜根譚』
払意《ふつい》を憂《うれ》うることなかれ
快心《かいしん》を喜《よろこ》ぶことなかれ
久安《きゅうあん》を恃《たの》むことなかれ
初難《しょなん》を憚《はばか》ることなかれ

白幡洋一（東北リコー元社長）

思いどおりにならないからといって心を痛めてはならないが、思いどおりになったからといって有頂天になってもいけない。平安無事が続いてもそれを頼りにしてはならないし、最初に困難にぶつかっても挫けてはならない。

いま振り返れば、高卒の私が社長の重責を担うことができたのは、この言葉を知らず知らずのうちに実践してきたからだという気がします。課長時代は課長として、部長時代は部長として、そして事業部長時代は事業部長として、私はそれぞれの役割を全うすべく常に全力を尽くしてきました。

山口良治「人間の力は、全部出し切らないと増えない」

平尾誠二（神戸製鋼ラグビー部ゼネラルマネージャー）

僕らが三年の頃にはすごく強いチームになっていて、どことやっても勝っていました。前半で点差が四、五十点開いたりするので、つい手を抜いたり、気を抜いたりするんですが、それでも余裕で勝ってしまう。すると（山口良治）先生は、ハーフタイムの時にえらい怒るわけですよ。「なめてんのか！」と。そしてこんな話をよくされたんです。

人間の力は、全部出し切らないと増えない。だから、余すことなく使わなければいけないのだと。いま十ある力を全部出し切ったら、十・〇〇一ぐらいになる。次の試合でその十・〇〇一を全部出したら十・〇〇二というふうに力が増えていく。出し切らずに溜めたら逆に減ってしまうんだと。

僕はいつも、打率十割、すべてホームランにしようと思ってやっています

佐藤可士和（クリエイティブディレクター）

僕はいつも、打率十割、すべてホームランにしようと思ってやっています。何人ものクライアントを抱えていると、つい目の前のクライアントを大勢いる中の一人と捉えがちですが、それは違います。クライアントにとっては一回、一回が真剣勝負で、社運を賭《か》けて臨んでいるわけですから、失敗なんて許されないですよ。

「いまがベストか」と常に自分に問答を掛ける

早乙女哲哉（天ぷら「みかわ是山居」主人）

天ぷらの場合、海老一本を揚げるのに長くて三十秒。その作業をいままでに何百万回と繰り返してきましたが、三十秒間、鍋の中で何がおきているかを考えなかったことは一度としてありません。そうやって自分に問答を掛け、貯金の数を増やしていく。皿洗い一つするのでも、この皿は何手で洗えるか、どこからどう洗っていけば百パーセントきれいに洗えるかを考えていくことが大切なのです。

そうやってどんな仕事をする時も、「いまがベストか、いまやっていることはベストなのか」と常に問答を掛け、自分の中で整理をしていく。全ての仕事はその延長線上に連なってくるものだという気がしてなりません。

芹沢博文
「何通りも勝ち方がある時は、一番危険な勝ち方を選びなさい」

谷川浩司
（日本将棋連盟棋士会会長・永世名人）

芹沢先生は私に「何通りも勝ち方がある時は、一番危険な勝ち方を選びなさい」と言われました。プロは勝ち方が一通りしかない時はそれをちゃんと発見するんですが、逆に、どう攻めても勝ちという時は、気持ちの緩みも出てきますし、人情として安全に勝ちたいという気持ちが働いてしまう。だから常にそういう姿勢でいなさいという戒めだと捉えています。

常に出発を大事にする

北村武資（人間国宝〔羅、経錦〕、織物作家）

「一年の計は元旦にあり」といわれるが、私はこれを原点に立ち返る、という意味に解釈している。

それと同じ意味で、一日の朝と、週の始めと、毎月の朔《ついたち》の日を大切に考えてきた。まず朝はパッと快活に目覚める。週の始めには、一週間でこれをやるという目標を立てる。月の始めには、今月何を目標に過ごすかを決めるといった具合に、常に出発を大事にするのである。

足下を掘れ、そこに泉あり

宮本輝（作家）

「足下を掘れ、そこに泉あり」という言葉がありますが、皆、自分の足元を掘っていったら、必ず泉が湧いてくることを忘れているんです。あっちに行ったら水が出ないか、向こうに行ったら井戸がないかと思っているけれど、実は自分の足元なんです。

与えられた仕事をコツコツと地道にやり続けた先に、自分にしか到達できない泉がある。

営業マンの鉄則十五か条

林薫（ハヤシ人材教育研究所所長）

一、教養を身につけ、人間性を養え
二、旬を逃すな
三、たえず、相手の幸せを考えよ
四、自分の心をコントロールできるようになれ
五、服装、身なりは清潔に
六、自分が経営者で社長であると思え
七、親しき仲にも礼儀ありでゆけ
八、態度は低く、心は高く
九、客を育てよ
十、商品を学び、自信を持て
十一、目標と計画をしっかり立てよ
十二、逆境に負けるな
十三、男は度胸、女は愛嬌でゆけ
十四、テクニックを研究せよ
十五、人に負けることが、当たり前になるな

プロは絶対にミスをしてはいけない

王貞治（福岡ソフトバンクホークス球団会長）

僕の現役時代には、一球一球が文字どおりの真剣勝負で、絶対にミスは許されない、と思いながら打席に立っていました。よく「人間だからミスはするもんだよ」と言う人がいますが、初めからそう思ってやる人は、必ずミスをするんです。

基本的にプロというのは、ミスをしてはいけないんですよ。プロは自分のことを、人間だなんて思っちゃいけないんです。百回やっても、千回やっても絶対俺はちゃんとできる、という強い気持ちを持って臨んで、初めてプロと言えるんです。

相手もこちらを討ち取ろうとしているわけですから、最終的に悪い結果が出ることはあります。でも、やる前からそれを受け入れちゃダメだということですよね。真剣で斬り合いの勝負をしていた昔の武士が「時にはミスもある」なんて思っていたら、自らの命に関わってしまう。だから彼らは、絶対にそういう思いは持っていなかったはずです。

時代は違えど、命懸けの勝負をしているかどうかですよ。

四章

リーダーの条件

成長会社のトップ十の条件

井原隆一（日本光電工業副社長）

以前に成長会社のトップ三十数人かの人と対談したことがありましてね。で、対談して気づいたのはその三十何人には非常に共通したものがあるんですね。

一、自分に厳しい
二、がめつい
三、エリート意識がない
四、洞察力がある
五、物、人に対する感謝の念が強い
六、これでいいと満足しない
七、数字が読める（将来の計算をするのが巧み）
八、厳しい体験の中から自分が成長する糧を見出している
九、独りぼっちになる（反省）
十、天才は一人もいない

その三十何人かのトップをみていてね、どうしたら、ああいう姿勢を持てるのかを考えてみたんですが、要するに、自分を捨てきっ

ているからなんですね。自分を捨てきれない者は会社を捨てるか、自分が捨てられる。自分を捨てるというのは、自分の立場とか、名誉とか地位とかね、そういうことにとらわれないで、企業経営のために、全能を傾けられるということです。

中小企業の創業者の精神を持て

中條高徳（アサヒビール飲料会長）

素晴らしいと思うのは中小企業の創業者の精神です。アサヒビールでもＴＱＣやＣＩを導入したけれども、結論からいうと、一番大切なのは中小企業の創業者が持っている精神を持つということです。つまり中小企業のおやじがもし店を開いたとしたら、マーケティングはやらないけれども、どうやったら客が自分の店に入ってくれるか、どうやったらそこに置いてあるビールを買ってくれるか。これを真剣に考えますよ。なぜなら、当たり前のことだけど、失敗したら全部己の頭の上に火の粉がかかってくるからです。

そうなると、見えないものが見えてくる。聞こえなかったものが聞こえてくる。さらに素晴らしいのは、やれど疲れずということですよ。

リーダーは願望ではなく決意しろ

和地孝（テルモ会長）

テルモの場合、「一人ひとりが主役」ですから、言い換えれば「一人ひとりがリーダー」です。そういう意味でよく社員に言っていることは、「リーダーは願望ではなく決意しろ」と。こんな業績にしたいな、こんな製品をつくりたいなというような願望ではダメだよと。「こうする」と腹を決めて決意した時、世の中のものの見方、情報のキャッチの仕方、すべてが違ってくるんです。

人生はニコニコ顔の命がけ

平澤興（京都大学元総長）

ともかくね、ハチマキ姿で目をいからした努力なんていうのは、これは大したことではない。そうではなく、ニコニコしながら、命をかける。ニコニコ顔の命がけ。

これはなかなかできない。しかし、本当に偉大な人はみな、そうなんだな。例えば、親鸞《しんらん》なんかにしてもそうだ。ニコニコしながら命をかけてる。

ニコニコしながら命をかけるっていうのは、ニコニコしながら偉大な夢が後ろにある、ということです。そういう人はいろいろな失敗やうまくいかんことがあっても、それは人生とはそういうもんだ。仕事はそういうもんだということを自然に、心にわかっておる人だな。

高い塔を建ててみなければ新しい水平線は見えない

川口淳一郎（宇宙航空研究開発機構「はやぶさ」プロジェクトマネージャ）

私はよく「高い塔を建ててみなければ新しい地平線は見えない」と申させていただくのですが、いまのレベルに安住して、足元を固めることばかりに一所懸命になっていたら、絶対にその先にある地平線は見えません。

私たち「はやぶさ」プロジェクトも客観的に見れば成功するかどうかは未知数でした。まして途中ではいろんなトラブルがあって、帰って来られる可能性はものすごく低かったわけです。失敗するかもしれない。途中で壊れてしまうかもしれない。それでも前人未踏の境地に挑戦しようと発心し、一度やると決めたら挫けずに、ゴールを目指し続ける。それがこのプロジェクトを成し遂げられた要因ではないかと思います。

「未来」とは「未だ来ない」と書きます。未来は見えないわけです。その水平線の向こうの、見えないものを自分たちの手で見ようとする活動が未来をつくるのです。

甲子園という目標を遠くに見ない。手を伸ばしたら掴めるものと考えてやっていく

高嶋仁（智辯学園和歌山高等学校野球部監督）

甲子園という目標を遠くに見ない。手を伸ばしたら掴めるものと考えてやっていかないといけません。

だから僕は普段から「甲子園」という言葉をしょっちゅう使うんです。「そんなんじゃ、甲子園で恥をかくやろ」「そんなんじゃ、甲子園のお客さんが怒るぞ」とね。

僕は「甲子園というものを身近なものにして、手を伸ばして掴め」と言っているのですが、目標は身近なものにしていくからこそ実現できるのでしょう。そして実現していくから、そこに道ができていくのではないでしょうか。

どんどん期待したらいい。本物かどうかは最後に証明される。

松平康隆（日本バレーボール協会専務理事）

よくこういうことをいう人がいる。〝期待されるのはいいが、期待されすぎると、重みに耐えかねて潰れてしまうから、あまり期待しないほうがいい〟と。これこそ甘やかしです。どんどん期待したらいいのです。瀬古がオリンピックで優勝しなかったら、ぶったるんでいるからだというくらいまで、期待していい。それで勝てなかったら、彼はそれだけの力がなかったということです。

本物かどうかは最後に証明される。どんどん期待することで、ダメな奴は落ちてゆく。優勝劣敗というのはそういうことです。

カエサル「多くの人は見たいと欲するものしか見ない」

塩野七生（作家）

私が一番好きなカエサルの言葉に
「多くの人は見たいと欲するものしか見ない」
というのがあります。

リーダーと一兵卒では見るものが違うかと言ったら、本当は同じです。だけど一兵卒はその重要性に気づかない。いや、気づきたくないわけね。例えば敵が来るなんて思いたくないから敵を見ないんです。そこが、リーダーとリーダーでない人の間に存在する、厳とした差ではないかと思います。

いかなる時も上機嫌で希望の旗印を掲げ続けよ

三浦雄一郎（冒険家）

山は一人で登るわけではなく、チームワーク力やコミュニケーション能力も、リーダーシップも要求される一大事業です。リーダーが暗ければ隊全体の士気が下がりますから、リーダーはいかなる時も上機嫌で希望の旗印を掲げていなければいけない。

そしてその根本には、こうすればできるんだ、やればできるんだという絶対的にポジティブな考え方を持つことが不可欠です。

全力疾走するリーダーになれ

安藤忠雄（建築家）

リーダーは目標を明確にして、それに向けて可能な限り全力疾走していれば、緊張感があるからそんなに失敗しないと思うんです。やっぱり居眠りができるような中途半端な走り方では駄目です。

時速六十キロ程度では油断が生まれます。百二十キロとか百五十キロとかの、どう見てもスピードオーバーであるという速度で走るべきです。ぶつかったら終わる、と周りは忠告するかもしれませんが、突出するから必死な姿が見えます。よい仕事をするぞ、責任ある仕事をするぞ、と決心して本気で前を行くリーダーにこそ人はついていくものです。特に若い人には、本気で仕事をするとはどういうことか体感するためにも、全力疾走するリーダーになれと僕は言いたいですね。

百決めたら百間違えないという気魄と精魂を込めてやる

古森重隆（富士フイルム会長・CEO）

何が当たるのか、読みに読んで決める。決めたらやる。経営者として、百の判断をしたら百間違えないつもりで私はやっています。絶対間違えないぞと。

そのためにはいろいろ情報も必要ですが、それが全部揃《そろ》うまで待っていては機を逸《いっ》してしまう。不完全な情報から本質を見極めなければならないから確かに難しい。私も一つ、二つは間違えました。会社の存続に関わるような問題ではありませんでしたが、その程度で済んだのは、やはり百決めたら百間違えないという気魄《きはく》と精魂《せいこん》を込めてやっているからです。

土光敏夫「一日の決算は一日にやる」

吉良節子（土光敏夫氏元秘書）

私心なく、公私の別に厳しく、質素を好んだ土光さんが、色紙を求められるといつも書いたのは「日新日日新」という言葉でした。

出典は中国の古典『大学』で、「きょうという一日は天地開闢《かいびゃく》以来はじめて訪れた一日である。それも貧乏人にも王様にも、みな平等にやってくる。その一日を有意義に暮らすためには、その行いは昨日よりもきょう、きょうよりも明日は新しくなるべきだ」という意味があるそうです。

それについて、以前土光さんは次のようにお話しされていました。

「一日の決算は一日にやる。失敗もあるであろう。しかし、昨日を悔やむこともしないし、明日を思い煩うこともしない。新たにきょうという清浄無垢な日を迎える。ぼくはこれを銘として、毎朝『きょうを精いっぱい生きよう』と誓い、全力を傾けて生きる」

この言葉に土光さんの人生が詰まっているような気がします。

事業に失敗するこつ十二か条

菅原勇継（玉子屋社長）

第一条　旧来の方法が一番よいと信じていること
第二条　餅は餅屋だとうぬぼれていること
第三条　ひまがないといって本を読まぬこと
第四条　どうにかなると考えていること
第五条　稼ぐに追いつく貧乏なしと
　　　　むやみやたらと骨を折ること
第六条　よいものは黙っていても売れると安心していること
第七条　高い給料は出せないといって人を安く使うこと
第八条　支払いは延ばす方が得だと
　　　　なるべく支払わぬ工夫をすること
第九条　機械は高いといって人を使うこと
第一〇条お客はわがまま過ぎると考えること
第一一条商売人は人情は禁物だと考えること
第一二条そんなことはできないと改善せぬこと

よきリーダーとはよきコミュニケーターである

宮端清次（はとバス元社長）

リーダーシップとは上から下への指導力、統率力が基本にある、それは否定しません。けれども自分を中心として、上司、部下、同僚、関係団体……その矢印の向きは常に上下左右なんです。だから上司を動かせない人に部下を動かすことはできません。上司を動かせる人であって、初めて部下を動かすことができ、同僚や関係団体を動かせる人であって、初めて物事を動かすことができるんです。

よきリーダーとはよきコミュニケーターであり、人を動かす影響力を持った人を言うのではないでしょうか。

五章

成功への道

成功する人の十二カ条

樋口武男（大和ハウス工業会長・CEO）

一　人間的成長を求め続ける
二　自信と誇りを持つ
三　常に明確な目標を指向
四　他人の幸福に役立ちたい
五　良い自己訓練を習慣化
六　失敗も成功につなげる
七　今ここに百％全力投球
八　自己投資を続ける
九　何事も信じ行動する
十　時間を有効に活用
十一　できる方法を考える
十二　可能性に挑戦しつづける

失敗する人の十二カ条

一　現状に甘え逃げる
二　愚痴っぽく言い訳ばかり
三　目標が漠然としている
四　自分が傷つくことは回避
五　気まぐれで場当たり的
六　失敗を恐れて何もしない
七　どんどん先延ばしにする
八　途中で投げ出す
九　不信感で行動できず
十　時間を主体的に創らない
十一　できない理由が先に出る
十二　不可能だ無理だと考える

百里への道の半分は九十九里が半分

小田豊四郎（六花亭製菓代表取締役）

いま、社内の者にもよく話をするのですが、やっぱり最後まであきらめないで、本当に最後の力を振り絞ってやってやってこそ、人生の味のようなものがあるような気がします。

百里への道の半分は五十里ではなくて、九十九里が半分ですね。

安田善次郎
「人生は克己《こっき》の二字にある」

安田弘（安田不動産顧問）

善次郎は最晩年「この二十年間守り通した処世の信条は？」という雑誌社の質問に対し、「勤倹、克己、一にもってこれを貫く」、また別のところで「人生は克己の二字にある。これを実行するところに成功があり、これを忘れるところに失敗がある」と答えています。

**「夢ある人に、目標有り
目標ある人に、計画有り
計画ある人に、実行有り
実行ある人に、成果有り
成果ある人に、幸せ有り
幸せある人に、ロマン有り
ロマンある人に、
夢がある」**

内山敏彦（リゾートトラスト専務・総料理長）

誰の言葉か知らないが、ある店で偶然見たこの言葉を、私は座右の銘として常に心に刻んできた。

私の場合は、自分が将来やりたいことを常に明確に、自分なりに描いていたことがよかったのだと思う。

フランス料理のシェフになるという目標から逆算して、具体的にやるべきことを一つひとつクリアし、前へ進んできたのである。

すぐに行動に移す――これは人の一生の運命を左右するほど重大な能力である

鈴木鎮一（才能教育研究会会長）

誰にも、それぞれに短所があります。その短所のなかで、一番共通して多い短所は、「やるべきだと思いながら、ただちにスタートしない」ことです。すぐに行動に移す――これは人の一生の運命を左右するほど重大な能力です。この能力もまた、やることによってしか、つくれません。

また、行動に移しても、三日坊主であっては、どんなこともできるはずがありません。ですから「こうしたい」と思うならば、それを行い続けて、ついにやってのける能力をつくらなければ、どうにもなりません。

やり抜こうと決心する人はたくさんいます。誰でも決心することはできる。しかし、本当にやり抜く人は実に少ない。決心はしたがやらない。やっても、まもなくやめてしまう。それこそ、多くの人が経験して、よく知っていることです。どんなことでも、成功する道、ことの成否は、やり抜くかどうかだけにかかっているともいえるでしょうね。

トップが求めているものを求めて仕事をしているか

河田勝彦（オーボンヴュータンオーナーシェフ）

（上達する人とそうでない人の差はどこにあるとお考えですか）

それは意識でしょうね。ただ言われた仕事だけをしているか、あるいは僕と同じような気持ちで、つまり菓子屋ならシェフ、会社なら社長が求めているものを求めて仕事をしているか。やはり後者でなければ美味しいお菓子は絶対に作れないし、仕事でいい結果は出せません。

これまで約二百人がここを巣立っていき、中には有名店を経営している者もいます。三十年近く見てきて感じるのは、いまの子は人にとても優しい。それはいいことだと思います。でも、自分にも優しいんですよ。これがいけない。

こんなもんでいいかなって許しちゃうわけですね。妥協点が早いんです。そうやって流して仕事をする子はなかなか伸びないと思います。逆にこだわりを持っている子はどんどん成長していきますよ。

もちろん頑固がいいと言っているのではありません。自分に厳しく、小さなことでもとことん追求するというある種の譲れない信念を持っている。それを貫いていくことが、僕は絶対に必要だと思います。

自分の仕事に惚れる。天職だと考える

福地茂雄（アサヒビール社長）

販売をやっていまして、あの得意先は嫌いだなと思ったら、やっぱり足が遠のきますよね。三回行くところが二回になってしまう。さらに社長にお目にかからないといけないのに、行って社長がいないとほっとしたりしてしまう。そういうこちらの気持ちは向こうにも伝わります。そうするとなおさら関係が悪くなる。

まあ、好きになってもすべての相手が好きになってくれるとは限りません。しかし少なくともこちらが好きにならなければ、相手は絶対に好きになってくれない。好きになっても好かれないときはこちらの惚れ方がまだ少ないと思わないといけない。

このことはお得意先との関係だけでなく、会社の人間関係や友達、男女の関係でも言えると思います。さらに言えば、仕事に対しても言える。自分の仕事を天職だと考える。

注意力は、現場でどれだけ試行錯誤を重ねてきたかで修練される

西澤潤一（東北大学学長）

私の経験からいえば、どんな大きな発明といえども、常にそれほど大きな飛躍があるものではない。ごくごく些細な段差に気づいて、それを超えることができるかどうかで、後になって決定的な違いが出てくる。普通の人はこのわずかな差に気づかずに見逃してしまうか、気づいていても忍耐強く成し遂げようとしない。

そして、その注意力というものは、現場でどれだけ試行錯誤を重ねてきたか、ということで修練されるのではないか、と私は思いますね。不審な現象に出くわしたなら、まず、原点に立ち返る。そして、疑いのない事実や理屈によってのみ説明を試みる。不完全であれば、不備な部分について実験をし、その実験結果が指し示してくれるところにのっとって、法則や原理を整理し、現象を説明し直してみること。

その訓練の積み重ねが多ければ多いほど、緊迫したつばぜり合いに耐えて、目の前の事象を見逃さず、誤らず、判断できるようになるのです。

渋沢栄一は三つの「魔」を持っていた。吸収魔、建白魔、結合魔

城山三郎（作家）

（日本信販の）山田光成さんは断られても断られても百貨店に通い詰めて、とうとう何社かを説得して契約し、日本信販をスタートさせる。口で言ってしまえば簡単です。だが、百貨店と契約するまでには筆舌に尽くし難い苦労があったはずです。

いろいろなアイデアを抱く人はたくさんいます。だが、それを創業に持っていき、軌道に乗せられるかどうかの境目はここなんですね。多くはここを乗り越えられず、アイデアは単なるアイデアで終わってしまう。

（その境目を乗り越えさせるものはなんですか）

渋沢栄一の言う「魔」でしょうね。情熱と言ってもいいし狂気と言ってもいい。何かをやるなら「魔」と言われるくらいにやれ、「魔」と言われるくらいに繰り返せ、ということです。

（略）

渋沢は三つの魔を持っていた。吸収魔、建白魔、結合魔です。学んだもの、見聞したものをどんどん吸収し、身につけてやまない。物

事を立案し、企画し、それを建白してやまない。人材を発掘し、人を結びつけてやまない。

普通にやるんじゃない。大いにやるのでもない。とことん徹底して、事が成るまでやめない。そういう「魔」としか言いようのない情熱、狂気。根本にそれがあるかないかが、創業者たり得るか否かの分水嶺《ぶんすいれい》でしょう。

天ぷらを一気に揚げるエネルギーと熱意を出せ

森下篤史（テンポスバスターズ社長）

天ぷらを揚げるには、四十度の油に何時間つけていてもクッタリするだけでしょう。ところが、百七十度にすると、三分かそこらで一気にカラッと揚がる。そこまで到達するエネルギー、熱意を出さない限り、いつまでたっても天ぷらは揚がらないわけです。

努力をしなければ絶対に幸運の女神が微笑むことはない

鈴木章（北海道大学名誉教授）

我われの世界でいえば、チャンスを生かすには、注意深い心、一所懸命にやろうとする精神、それから謙虚であることが大切です。何か結果が出て、それを自分の偏った見方で捻《ね》じ曲げたりせず、正直に見ること。そういう積み重ねがあって初めて何パーセントかの確率で、幸運の女神が微笑んでくれる機会に恵まれるかどうか、という世界です。

しかし、これだけははっきりしています。そういう努力をしなければ絶対に幸運の女神が微笑むことはない。

会社の中で一歩動いたら、その一歩が社益に繋がっている

川田達男（セーレン会長兼CEO）

人を育てることはできない、人は育つものであると思っています。

環境や機会を与えることはいくらでもできますけど、育つかどうかは本人次第。私なんか育ててもらった覚えはないですね。いじめられたことはありますけど（笑）。

じゃあどういう人間が伸びていくか、それは経営的発想で物事を考えられる人ですね。大きく分けると、会社の中には仕事をする人と作業しかしない人がいるんです。

自分の一つひとつの言動、極端に言うと会社の中で一歩動いたら、その一歩が社益に繋がっている、あるいは付加価値を生み出している。それが仕事をしている人です。ただ言われたとおりに機械を動かしている、資料をつくっている。そういう人は作業だけしている人です。たとえ単純作業であっても、どうやったら効率を上げることができるか、不良品を少なくできるかということを絶えず考えていかなければいけません。

やらされている百発より、やる気の一発

中村豪（愛知工業大学名電高等学校・豊田大谷高等学校硬式野球部元監督）

愛知工業大学名電高校、豊田大谷高校で野球部監督を務めた三十一年間、部員たちに口酸っぱく言ってきた言葉がある。

「やらされている百発より、やる気の一発――」

いくら指導者が熱を入れても、選手側が「やらされている」という意識でダラダラ練習をしていたのでは何の進歩もない。やる気の一発は、やらされてすることの百発にも勝《まさ》る。そのことを誰に言われずとも実践し、自らの道を開拓していったのが高校時代のイチローだった。

松原泰道
「花が咲いている 精いっぱい咲いている 私たちも 精いっぱい生きよう」

横田南嶺（臨済宗円覚寺派管長）

私が中学生の時、（松原泰道先生が）ラジオで毎月『法句経《ほっくきょう》』の講義をされていましてね。現代的で分かりやすく、明朗な口調に引き込まれて毎回熱心に聴いておりました。講義が終わった頃にたまたま上京する機会があり、ぜひ一度お目にかかりたいと思いお手紙を書いたのです。

当時の泰道先生は、ご著書である『般若心経入門』が大変話題になり、ご講演やご執筆で多忙を極めておられました。にもかかわらず、なんの面識もない中学生の手紙に親切なお返事をくださり、面会のお約束をしてくださったのです。

いま思い出しても冷や汗が出るのですが、私は厚かましくも色紙を持っていきまして、「仏教の教えを一言で言い表す言葉を書いてください」とお願いしたのです。有名人にサインをお願いするような気持ちに近かったですね（笑）。

泰道先生は嫌な顔もせずにこう書いてくださったのです。

「花が咲いている

精いっぱい咲いている
私たちも
精いっぱい生きよう」

最初はピンときませんでしたが、その後仏の道に入って修行を続けていくにつれ、ここまで仏教の神髄を平易に説いた言葉はない、と実感するようになりました。まさに真理です。

「知識」を「知恵」に、「知恵」を「富」に変えるのが〝仕事〟である

林野宏（クレディセゾン社長）

学校で教育を受けたり、本を読んだり、人からいろいろなことを教わったりして得た知識。そういう知識や経験を、「知恵」に置き換えるわけです。そしてアクションを起こすことによって、その知恵を「富」に置き換えるプロセスを、僕は仕事と呼ぶのだと思います。いくら知恵をつけても、それをお金に換えるところまでやらなければ、仕事とはいえません。

それで、大半の人は人間の能力を頭の良し悪しだと考えてしまいがちなんですが、そんなことは全然関係がない。僕が思うに能力とは、目標を達成するために「情熱を持続させる力」なんです。

九十九度と百度の一度の違いを意識しながら仕事をする

高野登（人とホスピタリティ研究所主宰）

リッツ・カールトンでは九十九度と百度の違いを意識しているんですね。九十九度は熱いお湯だけれども、あと一度上がって百度になると蒸気になって、蒸気機関車を動かす力が出る。しかし、九十九度ではまだ液体だから蒸気機関車は動かせない。この一度の違いを意識しながら仕事をすることが、リッツ・カールトンの仕事の流儀でした。

いまがその時、その時がいま

外尾悦郎（サグラダ・ファミリア主任彫刻家）

命懸けという言葉は悲壮感があってあまり好きではありませんが、でも私自身としては常に命懸け。というのも命懸けでなければ面白い仕事はできないからです。

この三十四年間、思い返せばいろいろなことがありましたが、私がいつも自分自身に言い聞かせてきた言葉がありましてね。

「いまがその時、その時がいま」というんですが、本当にやりたいと思っていることがいつか来るだろう、その瞬間に大事な時が来るだろうと思っていても、いま真剣に目の前のことをやらない人には決して訪れない。

憧れているその瞬間こそ、実はいまであり、だからこそ常に真剣に、命懸けで生きなければいけないと思うんです。

能力の差は五倍
意識の差は百倍

永守重信（日本電産社長）

世の中、何故ラッシュアワーが起こるかというと、九割の人が普通のことをしているからです。

わずか十分か十五分普通より早く行動することで、全然違う世界があるんです。

ところが人間ほとんどが一緒のことをするんですね。

だからうちの社員にはよそよりも十分早く来いと言います。その十分を早く来られる人間は世の中の十パーセントなんですね。

それが意識の差なんです。

人間の能力の差なんていうのは、最大五倍くらいしかないですよ。知能とか知識とか経験とかはね。

しかし意識の差は百倍あると私は言うんです。

それさえ頭に入れておけば、どんな人間でも成功できる。

商売というのは簡単なんだよ。太陽のように生きればいいんだ

田中真澄（社会教育家）

父は元軍人で私たち一家は戦後、いまの韓国・釜山《ぷさん》から日本に引き揚げてきました。ところが、日本が独立するまでの六年半、父はパージによって公職に就くことができず、過酷な行商で家族の生活を支えたのです。

日本国内が食べるものに事欠いていた頃までは、行商でもなんとか食い繋いでいけましたが、物が豊かになるにつれて厳しさは増していきました。それでも父は決して行商をやめようとせず、朝早くから夜遅くまで人の二倍、三倍、汗水流して黙々と働きました。私はそういう父の後ろ姿をとおして「人間は命懸けで打ち込めば生きられるのだ」と教えられたのです。

父は軍人だっただけに商売には全く不慣れでしたが、ある人からこう教わったそうです。

「田中さん、商売というのは簡単なんだよ。太陽のように生きればいいんだ。太陽は二つのものを人に与えてくれる。一つは熱。熱意を持って人に接すれば、その熱は自然と相手に伝わる。もう一つ

は光。光を与えて相手を照らし、関心を持ってその人の存在を認めてあげることが大事なんだ」

父は生前、「俺は商いのことは何も知らないが、この二つだけは心の支えにしてきた」と私に話していました。

素人発想、玄人実行

金出武雄（カーネギーメロン大学教授）

スポーツでも何でも、スーパースターといわれる人たちはみんなかわいいところがありますよね。

かわいさは素直とほぼイコールだと思います。素直というのは何でも「はい、はい」と聞くことではなく、考えがひねくれていないということです。

例えばコメントを受けた時に、「なるほど、そういう考えもあるのか。もしそうだとすると、自分の考えはもっと良くすることができるかな」とポジティブに受け止めようとする姿勢です。逆に、自分の考えが攻撃されていると受け止めて、なんとしても防御する姿勢は大体うまくいかないですね。

これは処世訓ではなく、研究そのものと深い関係があります。大体、研究で成功する人の考えの多くは極めて単純明快です。難しい話や重要な発明も、その発想を聞いてみると「なーんだ」というものが多い。

私はこの仕事をしながら、常々

「素人発想、玄人実行」

ということを大切にしてきました。とらわれのない、素人のような視点で物事を考える。しかし、それを形にしていくにはプロとしての知識と熟練された技が必要ということです。いくら発想が素晴らしくても、下手につくったものはうまく動きませんから。

発想は単純で素直なものでなければならないのに、それを邪魔するものは、なまじっかな知識、自分は知っているという心です。大学教授という職業は、「それは理論的に難しいだろう」「何年前にあの人も挑戦したけれど、うまくいかなかった」という知識をつい先に出してしまう。

本当の玄人になるには、自分の玄人性に疑問を持てるかどうか。もっと言うならば、時に自分が築いてきた実績を捨てる勇気があるかだと思います。「素人発想、玄人実行」は学生たちにも話していることであり、自分自身を育てるためにも意識し続けていることです。

大槻文彦
「遂げずばやまじ」

高田宏（作家）

日本初の近代的国語辞書であり、『広辞苑』や『大辞林』など、その後の辞書作りの土台を築いたとされる『言海《げんかい》』──。約四万語を収録した辞書を、独力で、十七年もの歳月をかけて完成させた大槻文彦が、生涯大切にしていた祖父の戒語があります。

「およそ、事業は、みだりに興《おこ》すことあるべからず、思ひさだめて興すことあらば、遂げずばやまじ、の精神なかるべからず」

（物事はふと思いついた程度で安直に始めてはならない。心に深く決意して、ある事を興すなら、その時は必ず最後までやり遂げよ）

「一隅を照らす」とは、自分の持てる力のすべてを任務の上に遂行すること

山田惠諦（比叡山天台座主）

伝教大師は、人の特性を大別すると、三つあると申されています。

「国宝とは何物ぞ、宝とは道心なり。道心有るの人を名づけて国宝と為す。故に古人の言く、径寸十枚是れ国宝に非ず、一隅を照らす此れ則ち国宝なりと。古哲又言く、能く言いて行うこと能わざるは国の師なり。能く行いて言うこと能わざるは国の用なり。能く行い能く言うは国の宝なり」

すなわち、言うこともできれば行うこともできる人は国の宝であり、言うことは上手であるが、行いのできない人は国の師匠だと。行いのほうは立派であるが、言葉のほうが上手でない人は国の働きだと、これらの三人はすべての人が尊敬しなければならないとおっしゃっているわけです。

「一隅を照らす」ということは、結局、自分の仕事に全力を注ぎなさいということです。自分の持てる力のすべてを任務の上に遂行しなさいということです。

男は十年だ

北方謙三（作家）

（長年、作家として不遇の時代が続き、途中で書くのをやめようとは思われなかったのですか）

それが不思議と思わなかったんです。きっと私は小説の神様から、小説を書けと言われてこの世に生を受けたんだと信じるしかないんですね。

周りからは何度もやめろと言われましたよ。同窓会に行くと、仲間はみんな一流会社で活躍している。「北方、何やってるんだ？」と聞かれて「小説を書いている」って言ったら、肩をポンと叩かれて「おまえは偉いな」と。その偉いなって言葉の中に、多少の侮蔑と哀れみが入っているんです（笑）。

父親には「小説家は人間のクズだ！」と言われていました。自分の倅《せがれ》がそんなものを目指しているなんて思いたくないとずっと言っていました。その親父が、私がみんなからやめろ、やめろとめった打ちにされている頃、ひと言だけ言ってくれたことがあるんです。

「男は十年だ」と。

十年同じ場所で頑張っていると、見えるものは見えてくるし、できることはできるようになると。その時は、何言ってやがるんだと思いましたけど（笑）。

その親父が六十歳の時に心臓発作でパタッと倒れて、そのまま亡くなったんです。その頃には週刊誌の連載を何本も抱えるようになっていたので、親父が横たわっている側で線香を絶やさないようにしながら、締め切り間近の原稿を書き続けました。

その時に初めて思いましたね。確かに男は十年。親父の言ったとおりだったなと。

中川一政
「稽古をしてはならぬ。いつも真剣勝負をしなければならぬ」

『致知』2014年8月号特集総リード

画壇の孤峰《こほう》・中川一政《かずまさ》さんが九十七歳の時に揮毫《きごう》した「正念場」の書がある。初めてその書を見た時の畏怖《いふ》に近い感動を忘れることができない。この人は九十七歳にしてなお正念場の日々を生きようとしているのか。九十七歳になってこれからが本当の人生の正念場だと思っているのか。求道一筋に生きんとする人の気迫が、書には溢れていた。

中川さんが残された極めつけの言葉を二つ。

「稽古をしてはならぬ。
いつも真剣勝負をしなければならぬ」

「一つ山を登れば、彼方にまた大きな山が控えている。
それをまた登ろうとする。力つきるまで」

すべての道に生きる者に不可欠の覚悟というべきだろう。

あとがき

人間学を学ぶ月刊誌『致知』の愛読者の会、ロサンゼルス木鶏クラブ。その創立三周年を記念し、二〇一五年六月、カリフォルニア州トーランス市のミヤコハイブリッドホテルに満席の約百八十名が参集、講演会が開催され、不《ふ》肖《しょう》小生も壇上からお話をさせていただいた。同クラブの代表世話人は九十七歳になられる浅井菊次氏。講演会は浅井氏の「自分の目が黒いうちにぜひ」という懇望を受けて実現したものである。

浅井氏と『致知』の出会いは十一年前。エース(株)創業者新川柳作《しんかわりゅうさく》氏から年間寄贈を受けたのが始まりだった。号を重ねるごとに深まる感動を多くの人に広めたいと、ロサンゼルス木鶏クラブを三年前に設立されたのである。講演会開会の挨拶に立たれた浅井氏のお話は、万感胸に迫るものがあった。

その中で浅井氏は、ある学者の言葉を引用してこう言われた。

「一冊の本が人生を変える。その本に巡り会えた人は幸せである」

さて、『致知』は創刊三十七年。創刊当初は「こんな難しい雑誌は読まれるわけがない」と言われたが、歳月を経ていまや愛読者は全国に十万人を超え、海外にまで広がりを見せている。創刊当初から編集に携わった者として感慨は無量である。その間に本誌にご登場いただいた各界で一流を極めた人との出会いは、万を超えるのではないだろうか。自分の道を通じて体得した要諦をうかがってきた。その中から百人を選び、その言葉を収録したのが本書である。

いずれも辛苦から生まれた真珠のような言葉である。その百の輝きはとりどりの光を放ち、今を生きる者の心を照らし、潤す。

この豊饒《ほうじょう》な言葉の海から一つの真珠をつかみとり、浅井氏の言葉のごとく、人生を変えていく人の一人でも多からんことを祈って、本書を送り出す。

最後に、掲載のご承諾をいただいた皆様に感謝申し上げるとともに、三十七年に及ぶ『致知』の記事の中から本書の百篇を選び出した弊社の編集部の面々の労を多としたい。

編集・発行人記す

平成二十七年七月

プロフェッショナル１００人の流儀【出典一覧】

一章　学ぶ

小野 二郎（すきやばし次郎主人）
『致知』２０１０年５月号

納谷 幸喜（相撲博物館館長・元横綱大鵬）
『致知』２００６年６月号

童門 冬二（作家）
『致知』２０１２年７月号

桜井 章一（雀鬼会会長）
『致知』２００５年４月号

一龍斎 貞水（講談師、人間国宝）
『致知』２００９年４月号

小川 三夫（鵤工舎舎主）
『致知』２０１０年２月号

高見澤 潤子（劇作家）
『致知』２００１年１０月号

森 信三（哲学者）
『致知』１９８５年１１月号

小柴 昌俊（物理学者）
『致知』２００７年１１月号

井村 雅代（シンクロ日本代表コーチ）
『致知』２００２年２月号

高橋 忠之（志摩観光ホテル元総料理長兼総支配人）
『致知』２００５年１月号

木村 秋則（リンゴ農家）
『致知』２００８年１月号

我喜屋 優（興南高等学校硬式野球部監督）
『致知』２０１０年１２月号

水戸岡 鋭治（工業デザイナー）
『致知』２０１３年５月号

上田 惇生（ものつくり大学教授）
『致知』２００３年１２月号

二章　壁にぶつかった時

福島 智（東京大学先端科学技術研究センター教授）
『致知』２０１２年１月号

陳　昌鉉
（バイオリン製作者）
『致知』２００５年３月号

志村　ふくみ
（人間国宝・染織作家）
『致知』２０１３年１１月号

中井　政嗣
（千房社長）
『致知』２０１５年６月号

坂村　真民
（仏教詩人）
『致知』１９９５年１１月号

渡部　昇一
（上智大学教授）
『致知』１９８１年７月号

森岡　毅
（ユー・エス・ジェイＣＭＯ）
『致知』２０１４年６月号

渡辺　公二
（兵庫県立西脇工業高等学校陸上部監督）
『致知』２００９年１月号

小嶺　忠敏
（長崎県立国見高等学校サッカー部総監督）
『致知』２００６年１１月

宮脇　昭
（横浜国立大学名誉教授・国際生態学センター研究所長）
『致知』２００４年１１月号

松本　明慶
（大佛師）
『致知』２０１０年５月号

西堀　栄三郎
（理学博士）
『致知』１９８２年５月号

山中　伸弥
（京都大学ｉＰＳ細胞研究所所長）
『致知』２０１２年１１月号

野村　克也
（野球評論家）
『致知』１９９９年３月号

津曲　孝
（ケーキハウスツマガリ社長）
『致知』２００７年１０月号

水野　彌一
（京都大学アメリカンフットボール部前監督）
『致知』２０１３年６月号

福島　孝徳
（デューク大学教授）
『致知』２０１２年３月号

北里　英郎
（北里大学医療衛生学部長）
『致知』２０１３年６月号

ガッツ　石松
（元ＷＢＣ世界ライト級チャンピオン）
『致知』２００５年５月号

国分 秀男（東北福祉大学特任教授
元古川商業高等学校女子バレーボール部監督）
『致知』２００５年１１月号

稲盛 和夫（京セラ名誉会長）
『致知』２００４年１１月号

宮本 祖豊（十二年籠山行満行者・比叡山延暦寺円龍院住職）
『致知』２０１４年１１月号

栗城 史多（登山家）
『致知』２０１２年３月号

小出 義雄（女子マラソン指導者）
『致知』２０１０年９月号

三章 仕事の現場

江崎 玲於奈（物理学者）
『致知』２０１４年４月号

黒田 暲之助（コクヨ会長）
『致知』１９９９年１１月号

山本 益博（料理評論家）
『致知』２００５年６月号

橋本 保雄（日本ホスピタリティ推進協会理事長）
『致知』２００３年８月号

堀 文子（日本画家）
『致知』２０１２年１月号

相田 一人（相田みつを美術館館長）
『致知』１９９４年１月号

小林 哲也（帝国ホテル会長）
『致知』２０１４年６月号

辰巳 芳子（料理研究家）
『致知』２００７年２月号

大場 松魚（漆芸家）
『致知』２００８年１月号

塚越 寛（伊那食品工業社長）
『致知』１９９６年７月号

道場 六三郎（銀座ろくさん亭主人）
『致知』２０１２年４月号

岩井 虔（ＰＨＰ研究所客員・元専務）
『致知』２０１３年１２月号

浜田和幸（国際未来科学研究所代表）『致知』2004年7月号
奥田政行（地場イタリアン「アル・ケッチァーノ」オーナーシェフ）『致知』2015年3月号
白幡洋一（東北リコー元社長）『致知』2004年9月号
平尾誠二（神戸製鋼ラグビー部ゼネラルマネージャー）『致知』2005年6月号
佐藤可士和（クリエイティブディレクター）『致知』2012年9月号
早乙女哲哉（天ぷら「みかわ是山居」主人）『致知』2013年7月号
谷川浩司（日本将棋連盟棋士会会長・永世名人）『致知』2011年3月号
北村武資（人間国宝（羅、経錦）、織物作家）『致知』2013年2月号
宮本輝（作家）『致知』2012年11月号
林薫（ハヤシ人材教育研究所所長）『致知』2003年4月号
王貞治（福岡ソフトバンクホークス球団会長）『致知』2009年8月号

四章　リーダーの条件

井原隆一（日本光電工業副社長）『致知』1981年10月号
中條高徳（アサヒビール飲料会長）『致知』1991年10月号
和地孝（テルモ会長）『致知』2009年3月号
平澤興（京都大学元総長）『致知』1987年7月号
川口淳一郎（宇宙航空研究開発機構「はやぶさ」プロジェクトマネージャ）『致知』2010年12月号
髙嶋仁（智辯学園和歌山高等学校野球部監督）『致知』2010年7月号

松平 康隆 （日本バレーボール協会専務理事）『致知』1981年7月号
塩野 七生 （作家）『致知』2008年2月号
三浦 雄一郎 （冒険家）『致知』2013年8月号
安藤 忠雄 （建築家）『致知』2003年11月号
古森 重隆 （富士フイルム会長・CEO）『致知』2012年2月号
吉良 節子 （土光敏夫氏元秘書）『致知』2003年11月号
菅原 勇継 （玉子屋社長）『致知』2002年12月号
宮端 清次 （はとバス元社長）『致知』2008年2月号

五章 成功への道

樋口 武男 （大和ハウス工業会長・CEO）『致知』2007年12月号
小田 豊四郎 （六花亭製菓代表取締役）『致知』1993年1月号
安田 弘 （安田不動産顧問）『致知』2009年4月号
内山 敏彦 （リゾートトラスト専務・総料理長）『致知』2014年11月号
鈴木 鎮一 （才能教育研究会会長）『致知』1987年12月号
河田 勝彦 （オーボンヴュータンオーナーシェフ）『致知』2014年9月号
福地 茂雄 （アサヒビール社長）『致知』1999年10月号
西澤 潤一 （東北大学学長）『致知』1991年10月号
城山 三郎 （作家）『致知』2005年2月号

森下篤史（テンポスバスターズ社長）『致知』2004年7月号
鈴木章（北海道大学名誉教授）『致知』2012年1月号
川田達男（セーレン会長兼CEO）『致知』2015年4月号
中村豪（愛知工業大学名電高等学校・豊田大谷高等学校硬式野球部元監督）『致知』2008年12月号
横田南嶺（臨済宗円覚寺派管長）『致知』2013年2月号
林野宏（クレディセゾン社長）『致知』2010年1月号
高野登（人とホスピタリティ研究所主宰）『致知』2012年11月号
外尾悦郎（サグラダ・ファミリア主任彫刻家）『致知』2012年12月号
永守重信（日本電産社長）『致知』1999年7月号
田中真澄（社会教育家）『致知』2015年4月号
金出武雄（カーネギーメロン大学教授）『致知』2010年9月号
高田宏（作家）『致知』2009年5月号
山田恵諦（比叡山天台座主）『致知』1990年11月号
北方謙三（作家）『致知』2015年2月号
中川一政（画家）『致知』2014年8月号

〈監修者略歴〉

藤尾秀昭（ふじお・ひであき）

昭和53年の創刊以来、月刊誌『致知』の編集に携わる。54年に編集長に就任。平成4年に致知出版社代表取締役社長に就任。現在代表取締役社長兼編集長。『致知』は「人間学」をテーマに一貫した編集方針を貫いてきた月刊誌で、平成25年、創刊35年を迎えた。有名無名を問わず、「一隅を照らす人々」に照準をあてた編集は、オンリーワンの雑誌として注目を集めている。主な著書に『小さな人生論1～5』『小さな修養論1～3』『小さな経営論』『心に響く小さな5つの物語Ⅰ～Ⅱ』『心に響く言葉』『プロの条件』『人生の大則』『長の十訓』『生き方のセオリー』『人生の法則』『はじめて読む人のための人間学』『二度とない人生をどう生きるか』がある。

プロフェッショナル100人の流儀

平成二十七年七月二十五日第一刷発行
令和二年十一月三十日第六刷発行

監修者　藤尾秀昭
発行者　藤尾秀昭
発行所　致知出版社
〒150-0001東京都渋谷区神宮前四の二十四の九
TEL（〇三）三七九六―二一一一
印刷・製本　中央精版印刷
落丁・乱丁はお取替え致します。（検印廃止）

ISBN978-4-8009-1076-9 C0095

ホームページ　https://www.chichi.co.jp
Eメール　books@chichi.co.jp